Lesenlernen mit dem kleinen Fohlen

Lesenlernen mit dem Kleinen Fohlen

www.leseloewen.de

978-3-7432-0107-1
1. Auflage 2019
© 2019 Loewe Verlag GmbH, Bindlach
Dieser Titel enthält die Einzeltitel *Stoppel und seine Freunde. Das freche Fohlen entdeckt die Welt*, *Stoppel und seine Freunde. Ein Fohlen auf Schnupperkurs* und *Stoppel und seine Freunde. Ein Herz für das freche Fohlen* aus der Reihe *Bildermaus Champion* © 2010–2011 Loewe Verlag GmbH, Bindlach
Umschlag- und Innenillustrationen: Dorothea Ackroyd
Umschlaggestaltung: Elke Kohlmann
Printed in the EU

www.loewe-verlag.de

 # Inhalt

Das freche Fohlen entdeckt die Welt
Hinein ins Abenteuer! 12
Die lustigen Hühner 18
Geheimnisvolle Verfolger 27

Ein Fohlen auf Schnupperkurs
Eine gefährliche Blume 42
Wolken am Stiel 49
Ein Apfel am Himmel 59

Ein Herz für das freche Fohlen
Ausgebüxt! 74
Wer wirft denn da mit Eiern? 81
Ein neuer Freund 89

Quellenverzeichnis 103

Franziska Gehm

Das freche Fohlen entdeckt die Welt

Illustriert von Dorothea Ackroyd

Hinein ins Abenteuer!

Das kleine 🐴 Stoppel wohnt

auf einem 🏠. Es hat eine

stoppelige 🖌. Sein 🖌 ist

gefleckt. Wie bei einer 🐄.

Um den 🐴 hat es zwei weiße ///.

Wie ein 🦓. Bis jetzt war Stoppel

nur im 🚪 bei seiner Mama.

Heute darf er endlich auf den .

Er galoppiert aus dem . Auf

dem  gibt es viel zu entdecken!

Stoppel schnuppert an einer ,

einem  und einer 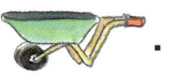.

Er steckt sein 🐴 in einen 🪣.

„Wuff!", macht es plötzlich. Stoppel reißt den 🐴 hoch. Der 🪣 hängt auf seinem 🐴. Ein 🐕 steht vor ihm. „Spielen wir?", fragt Stoppel.

Es klingt, als würde er aus einer 🛢

sprechen. Der  🐕 knurrt: „Muss

den 🏡 bewachen." Stoppel nickt.

Der 🪣 fällt scheppernd zu 🪵.

„Ich mache mit."

Der 🐕 läuft über den 🏡.

Er guckt wie ein 👮 und hat die 🐎

wie 📡 aufgestellt. Stoppel folgt ihm.

Dann bellt der 🐕. „Wau, wau!"

Stoppel will auch bellen. „Hüüü!",

macht er.

Der 🐕 schüttelt den 🐶. „Da lachen ja die 🐔!" Stoppel spitzt die 👂. Im 🪟 gackert es.

„Stimmt, die 🐔 lachen wirklich", sagt Stoppel. „Das will ich sehen!"

Die lustigen Hühner

Die 🐔 sitzen auf einer ▬ .

Sie gackern, wackeln mit den 🪶

und picken mit den 👄 im 🌾 .

„Spielen wir?", fragt das kleine 🐴 .

Ein 🐔 gackert: „Bin ein 🐔 ,

hab zu tun. Ob ☀ oder 🌧 ,

muss 🥚 legen."

Das kleine  sieht das 🐔 mit

großen  an. „Ich mache mit."

Es lässt sich mit dem 🐔

ins 🌾 plumpsen. „Und jetzt?"

„Runder 🐔, feste drücken",

sagt ein 🐔 und macht es vor.

Stoppel drückt. Er bläht die  .

Auf einmal – plopp! „Ich habe

ein 🥚 gelegt!", ruft das kleine 🐴.

Die 🐔🐔 machen große  .

Der 🐓 schüttelt den 🪶.

„Du hast  gelegt, die werden

vom gleich weggefegt!", ruft er.

Enttäuscht lässt Stoppel den

hängen. So ein ! „Geh zur ,

die ist so groß wie du", rät der .

Stoppel nickt und geht in den .

„Spielen wir?", fragt Stoppel die 🐄.

„Muh!", macht die 🐄. „Ich muss

doch 🥛 geben." Stoppel überlegt

kurz: „Ich mache mit." Er stellt sich

neben die 🐄. „Und jetzt?"

Die  schüttelt den .

„Ein , das geben will!

So etwas war noch nie da."

„Dann bin ich das erste ,

das gibt", sagt Stoppel stolz.

Die 🐄 knirscht mit den 🦷. „Du kannst keine 🥛🥛 geben. Du hast kein 🤚." Das kleine 🐴 guckt unter seinen 🐄.

„Zum 🐦! Ich kann nicht bellen,

keine 🥚 legen und keine 🥛 geben. Was kann ich überhaupt?"

Die 🐄 guckt wie ein 🚗. „Na ja …"

Plötzlich steckt Stoppels Mama

den 🐴 in den .

"Du kannst galoppieren, über

springen, eine ziehen, dich

am wälzen, jemanden auf

deinem tragen und herumtollen.

Komm mit auf die !"

Geheimnisvolle Verfolger

Das kleine 🐴 Stoppel trabt mit

seiner Mama auf die 🪵. Sie zeigt

ihm die saftigsten 🌱. Lecker!

Stoppel schlägt sich den 🐴 voll.

Dann trabt er im ◯ und schüttelt

die 🐴. Er springt auf der 🪵

herum und wiehert.

Plötzlich raschelt das 🌱 hinter ihm.

Stoppel erschrickt. Was war das?

Schnell wie der ⚡ galoppiert er auf

einen 🌳 zu. 🪨 klackern unter

ihm, 🪵 knacken, 🌱 rauschen.

Stoppel sieht dicht hinter sich einen großen, unheimlichen 🐾. Er wird verfolgt! Vielleicht von einem 🦁 mit zotteligen 🦱, spitzen 🦷, scharfen 🐾 und grünen 👁.

„Nichts wie vom !", denkt sich

Stoppel. Er galoppiert so schnell,

als wäre er auf einer .

Beinahe macht er sich einen

in die . Schon hat er den

erreicht.

Er versteckt sich dahinter und

versucht, still zu sein. Aber er

schnauft wie eine . Sein

pocht laut. Seine schlackern.

Hat ihn das  entdeckt?

Stoppel ist neugierig. Vorsichtig

streckt er den  hinter den

hervor. Ach du dickes ! Jetzt sieht

das kleine , wer ihm nachflitzt:

der , die  und die !

Der  versucht zu wiehern.

Die  möchten galoppieren.

Die  will ihre schütteln.

Aber sie hat keine. „Was macht ihr denn?", fragt Stoppel.

„Wir spielen 🐴", sagt der 🐶.

„Das ist lustiger, als den 🏡 zu bewachen." – „Oder 🥛 zu geben", brummt die 🐄. „Wir sind dagegen, immer nur 🥚 zu legen", sagen die 🐔.

Stoppel springt hinter dem

hervor. „Das kann man laut wiehern!"

Er streckt den  zum  und

wiehert. So laut, dass der  fast

vom  fällt.

Die Wörter zu den Bildern:

 Fohlen    Zebra

 Bauernhof    Stall

 Mähne    Hof

 Fell   Regenrinne

 Kuh    Traktor

 Bauch    Schubkarre

 Streifen   Maul

Eimer
 Hühner

 Kopf
 Hühnerstall

 Hund
 Stange

 Regentonne
 Flügel

 Boden
 Schnäbel

 Polizist
 Stroh

 Ohren
 Sonne

 Antennen
 Regen

 Eier  Bauer

 Augen  Mist

 Hinterteil  Kuhstall

 Rücken  Milch

 Nüstern  Zähne

 Hahn   Euter

 Hahnenkamm  Kuckuck

 Pferdeäpfel  Auto

 Baumstämme  Steine

 Kutsche  Äste

 Weide  Gräser

 Grasbüschel  Schatten

 Kreis  Monster

 Gras  Haare

 Blitz  Krallen

 Busch  Warzen

 Acker    Pferd

 Rennbahn  Himmel

 Knoten

 Beine

 Lokomotive

 Herz

 Knie

 Blätter

Franziska Gehm

Ein Fohlen auf Schnupperkurs

Illustriert von Dorothea Ackroyd

Eine gefährliche Blume

Das kleine  Stoppel galoppiert über den . Es flitzt vom  zum . Vom  zum . Vom  zum . Vom  zur . Stoppel schnauft, als wäre er eine . Auf einmal knurrt sein .

Stoppel ist hungrig wie ein .

„Jetzt ein leckerer !", denkt

Stoppel. Er sucht in der ,

in der  und im

vom  danach. Kein !

Da kommt er zu einem  .

„Hm! Wie es hier duftet!", denkt

Stoppel. Er schnuppert an einer

besonders schönen  . „Was so

lecker riecht, muss auch lecker

schmecken", meint Stoppel.

Das kleine 🐴 geht ganz nah an

die 🌼 heran. Es fährt sich mit

der 👃 über die 👄 , reißt

das 👄 auf und … „HALT!", ruft

der 🐶 . „Wuff, nicht fressen! Weißt

du nicht, was das ist?"

Stoppel macht große 🐑. „Klar

doch. Das ist eine leckere 🌼."

Der 🐕 schüttelt den 🐶. So doll,

dass seine 👂 wackeln. „Das ist

eine gefährliche 🌼." Stoppel

guckt die 🌼 neugierig an.

„Beißt sie?" Der 🐕 nickt. „Das ist

eine 🌹. Die hat 🌿, die furchtbar

piken." Stimmt, am 🌱 sind 🌿,

so spitz wie die 🐾 einer 🐱!

„Eine 🌹 kann man nicht fressen",

erklärt der 🐕.

„Man kann sie angucken, daran riechen oder sie verschenken, wenn man verliebt ist", fügt der 🐕 hinzu. Das kleine 🐎 nickt. Auch wenn es nicht weiß, was verliebt sein ist.

Wolken am Stiel

Das kleine 🐎 trabt auf die 🌿

neben dem 🏠. Sein 🐕 knurrt

immer lauter. Unter einem 🌳

stehen seltsame 🌼. Sie sehen

aus wie kleine ☁️ am 🌱. Sie

sind nicht so schön und rot wie

die 🌹.

Aber sie sind rund, weiß und flauschig wie . „Die piken bestimmt nicht", denkt Stoppel. „Mal sehen, wie sie schmecken." Er macht das 🐴 weit auf und schnappt nach den 🌼.

Doch potz ⚡! Was ist das?

Die 🌼🌼 fliegen einfach weg! Wie

winzig kleine 🪂🪂 segeln sie über

die 🌱. Von der 🌼 ist nur noch

ein grüner 🌱 übrig.

Auf einmal macht es hinter Stoppel

„Muh!". Die 🐄 stupst Stoppel

ans 👄. „Das sind 🌼. Die kann

man nicht fressen. Die krabbeln

im 🐴." Eine kleine 🌼 landet

mitten auf Stoppels 👃.

„Schade", sagt das kleine 🐴 und

schielt auf die 🌼. „Dann suche

ich mir etwas anderes zu fressen."

Die 🐄 nickt. Stoppel galoppiert

zum 🪨. Dabei fliegt die 🌼 von

seiner 👂.

Um den   herum wachsen

hohe  mit saftigen .

„Leckerschmecker!", denkt Stoppel.

Er reckt den 🐴 und streckt die 🫳

nach einem saftigen  🍃 aus.

Plötzlich spürt er zwei  auf

seinem . Das kleine

zuckt zusammen und dreht den .

Auf seinem  sitzt ein .

„Hallo, !", sagt Stoppel. „Willst

du mit mir zusammen fressen?"

Das  gackert aufgeregt: „Nein,

nein, nein! Eine 🌱 darf nie

ins 🕳 hinein! Die brennt! Man

kann sie nicht fressen, das darfst

du nie vergessen!"

Stoppel guckt auf die 🌱. „Aber die

sieht doch so lecker aus." Das

klappert mit dem 🐦. „Beißt du

die auf dem  zusammen,

steht dein ganzes 🪶 in 🔥!"

Stoppel schlackern die 👂, als er

das hört. „Das klingt aber gar nicht

lecker." Das kleine 🐴 stülpt

die →👄 nach außen. „Aber ich muss

doch irgendetwas fressen!"

Ein Apfel am Himmel

„Stoppel, komm!", ruft Mama .

Sie steht auf der . „Hier gibt

es !" Das kleine  galoppiert

zu seiner Mama. Der , die

und das folgen ihm. Stoppel

hängt die aus dem .

Sein  knurrt wie zehn .

Er reißt das 🫙 auf und schnappt

nach dem 🍀. „Hm! So saftig wie

eine 🌱", schmatzt Stoppel. „Und

so weich wie eine 🌾. Und der 🍀

duftet noch besser als eine 🌹.

Oberleckerschmecker, dieser 🍀!"

Mama 🐴 sieht Stoppel erstaunt an.

„Wieso 🌱, 🌾 und 🌹?",

denkt sie sich, während Stoppel

weiter 🍀 futtert. Der 🍀 hängt

links und rechts aus seinem .

Schließlich leckt sich Stoppel mit

der →🫑 über das 🫑 . „Jetzt noch

ein 🍎, das wäre was!", sagt Stoppel

und sieht nach oben. Es wird bereits

dunkel über dem 🏠 .

Die ☀ ist untergegangen. Die ersten ✨✨ funkeln. Der 🌙 steht über dem 🌳. „Seht mal!", ruft das kleine 🐴 aufgeregt. „Da ist ein riesengroßer 🍎!"

Der  murmelt: „Das ist doch kein 🍎. Das ist eine 💡, die der 👨‍🌾 anknipst, wenn es dunkel wird." Die 🐄 zwinkert. „Muuh! Der 🐕 redet 🧀. Das ist ein 💧 aus 🥛, was denn sonst?"

Das 🐔 schlägt mit den 🪶.

„Quatsch! Ein 👼 hat ein 🥚 gelegt,

das jetzt am 🟦 klebt." Mama

wiehert. „Was erzählt ihr denn da?

Das ist der 🌙." Stoppel mustert

den 🌙. „Kann man den fressen?"

Mama  schüttelt den 🐴.

„Der 🌙 passt auf dich auf, wenn du schläfst." Stoppel, der 🐕, die 🐄 und das 🐔 gucken hinauf

zum 🌙. So lange, bis ihre 👁 👁

zufallen.

Die Wörter zu den Bildern:

 Fohlen  Dampflok

 Bauernhof  Bauch

 Stall Bär

 Baum Apfel

 Traktor Hundehütte

 Misthaufen  Schubkarre

 Vogelscheuche Stiefel

 Bauer
 Kopf

 Blumenbeet
 Ohren

 Blume
 Rose

 Zunge
 Dornen

 Zähne
 Stiel

 Maul
 Krallen

 Hund
 Katze

 Augen
 Wiese

 Busch    Stirn

 Wolken    Brunnen

 Federn    Pflanzen

 Blitz    Blätter

 Fallschirme  Füße

 Kuh    Rücken

 Pusteblumen Huhn

 Hals    Brennnessel

Schnabel   Mond

 Flammen    Lampe

 Lippen   Käse

 Pferd    Klecks

 Weide    Milch

 Klee   Flügel

 Sonne    Engel

 Sterne   Ei

▭ Himmel

Franziska Gehm

Ein Herz für das freche Fohlen

Illustriert von Dorothea Ackroyd

Ausgebüxt!

Das kleine 🐴 Stoppel steht

auf der 🪵. Es futtert 🌱.

Auf einmal setzt sich ein 🦋 auf

seine 👃. Ist der schön! Der 🦋

schlägt mit den 🦋. Das kitzelt!

Stoppel kneift die 👁 zusammen

und niest. HAAATSCHIII!

Der 🦋 fliegt davon. „Warte!", ruft

Stoppel. Er galoppiert hinterher.

Über die 🌾, zum 🚪 hinaus,

über 🪵 und 🪨, an einem 💧

vorbei, einen ⛰ hoch und

wieder hinunter.

Der  fliegt in den 🌳. Stoppel

läuft ihm nach. Oje, ist es hier

dunkel! Die 🌳 sind höher als

die 🪜 vom 👨‍🌾. Die 🌲 sind

dicker als die 🪣. Die 🌿

sehen aus wie riesige 🐛 .

Unter Stoppels 🪵🪵 knacken 🪾

und rascheln 🍂. An manchen

hängen lauter braune 🌰🌰. Und auf

einem 🪵 wachsen kleine ☂.

Daneben liegt ein grüner 🟩.

Stoppel staunt und staunt – und

schwupp, ist der 🦋 verschwunden.

„Wo steckst du, 🦋?", ruft Stoppel

und dreht sich im ◯. Um ihn

herum ist nur 🌳.

Stoppel ist allein. Auf einmal fühlt

er sich zwischen den  wie

eine   zwischen lauter .

KNACKS! Was war das? Nur ein ?

Oder ein  ?

RITSCHE-RASCHEL! Was war das?

Nur die 🍂? Oder eine 🧙?

WUSCH-ZUSCH! Und was war das?

Der 💨? Oder ein 👹?

Plötzlich huscht ein 🦎 über

die 🌳. Stoppel schlottern die 🦵.

Wer wirft denn da mit Eiern?

Wie ein ⚡ schießt etwas einen 🌳 hinauf. Es verschwindet zwischen den 🪵. Dann kichert es, genau wie eine 🧹! Stoppel klappert mit den 🦷. In seinem 🐄 zwickt es, als hätte er eine 🛒 voller 🥕 gefuttert.

Es raschelt und knackt in den .

Bestimmt kommt gleich die  auf ihrem angeflogen. Tatsächlich! Etwas saust aus dem – direkt auf Stoppels zu! Doch es ist keine .

Es ist eines der braunen 🌰🌰.

PLOPP, landet es in Stoppels .

Pfui 🕷! Stoppel schüttelt die

wie ein  🦁. Das braune 🌰 schießt

im hohen 🌙 zurück in den 🌲.

„AUTSCHI!", ruft jemand zwischen

den . Das klingt nicht wie

eine . Ein roter büscheliger

erscheint. Das sieht auch nicht

wie ein  aus.

Dann tauchen zwei kleine rote

auf. Schließlich hüpft ein  auf

den unteren . „Autschi pardautschi!

Du hast mich volle  am

getroffen!", sagt es. „Du hast das

zuerst geworfen!", stellt Stoppel klar.

„🥚?" Das 🐿️ kichert. „Das ist doch ein 🌰! Die wachsen auf den 🌳🌳." Stoppel mustert die 🌰🌰.

„So wie 🍏🍎?" – „Bingo!", sagt das 🐿️. „Und wie heißt du?"

Das kleine 🐴 wiehert. „Stoppel! Ich bin das kleinste 🐴 auf dem ganzen 🏠."

Das 🐿 wackelt mit dem 🦊. „Ich heiße Flix. Ich bin das kleinste 🐿 im ganzen 🌳. Komm, ich zeig dir den 🌳, kleines 🐴!"

Ein neuer Freund

Das 🐿️ Flix hüpft von 🌿 zu 🌿.

Stoppel trabt von 🌲 zu 🌲.

„An diesem 🌳 wachsen 🌿.

Leckerschmecker!", erklärt Flix.

Stoppel schnuppert an einer 🌰.

Dann fragt er: „Und was sind das

für komische ☂️ dort drüben?"

Flix kichert. „Das sind keine 🌂! Das sind 🍄." – „Mir gefällt der grüne 🟩, der neben ihnen liegt", sagt Stoppel. Er schmiegt sein 🎩 an den 🟩.

„Das ist 🥒!", lacht Flix. Dann

erklärt er weiter: „Dort hinter

dem 🌳 wohnen 🐗🐗. Und hier

in dem 🕳️← im 🌲 lebt der 🐦."

Auf einmal macht es UHUUU!

„Was war das?", fragt Stoppel.

„Die 🦉. Sie ruft den 🌙", erklärt

Flix. Stoppel späht durch die 🌳.

Er sieht schon die ersten ⭐.

„Ich muss wieder in meinen 🪟!

Mama 🐴, die 🐄, der 🐕,

die 🐔🐔 und der 👨‍🌾 sorgen sich

sonst."

Stoppel wackelt aufgeregt mit

den 🦻 🦻 und sieht sich um.

„Aber … aber, wo geht es eigentlich

zurück zum 🏠 ?"

Flix hüpft auf Stoppels  .

„Komm! Ich zeig dir den 🏞️."

Wie der 🌬️ sind Stoppel und Flix

wieder auf dem  .

Stoppel stupst Flix an der
und zwinkert. „Das war erste 💩,
Flix!" Flix grinst und hält Stoppel
eine 🌰 hin. „Für dich!" Flix hat
mit seinen 😁 ein ❤ in die 🌰
geknabbert.

Stoppel strahlt. „Ich liebe 🌰🌰!

Die finde ich leckerschmecker.

Aber diese 🌰 hebe ich auf.

Für immer und ewig!"

Die Wörter zu den Bildern:

 Fohlen  Tor

 Weide  Stock

 Gras   Stein

 Schmetterling  See

 Nase  Hügel

 Flügel  Wald

 Augen  Bäume

Leiter  Blätter

 Bauer  Eier

 Baumstämme  Baumstumpf

 Regentonne  Regenschirme

 Wurzeln  Teppich

 Würmer Kreis

 Hufe  Maus

 Äste  Riesen

 Räuber    Bauch

 Hexe    Schubkarre

 Wind    Möhren

 Monster    Besen

 Schatten    Kopf

 Beine   Mähne

 Blitz    Spinne

 Zähne    Löwe

Bogen    Bauernhof

 Schwanz    Strauch

 Ohren    Haselnüsse

 Eichhörnchen    Pilze

 Kanne    Maul

 Kiefernzapfen    Moos

 Äpfel    Gebüsch

 Pferd    Wildschweine

 Loch
 Hühner

 Specht
 Rücken

 Eule
 Weg

 Mond
 Sahne

 Sterne
 Kastanie

 Stall
 Herz

 Kuh

 Hund

Franziska Gehm, 1974 geboren, lebt als Autorin und Übersetzerin mit ihrer Familie in München. Sie hat zahlreiche Kinder- und Jugendbücher veröffentlicht, die in viele Sprachen übersetzt wurden.

Dorothea Ackroyd, geboren 1960 in Herford, studierte an der FH Bielefeld Kommunikationsdesign. Seit 1990 ist sie als freischaffende Illustratorin tätig und hat seitdem mehr als 120 Bücher veröffentlicht, die zum Teil in 11 Sprachen übersetzt wurden. Sie lebt mit ihrer Familie auf der Sonnenseite des Teutoburger Waldes.

Quellenverzeichnis

S. 10–40
Franziska Gehm:
Bildermaus Champion – Stoppel und seine Freunde. Das freche Fohlen entdeckt die Welt,
farbig illustriert von Dorothea Ackroyd.
© 2010 Loewe Verlag GmbH, Bindlach

S. 41–71
Franziska Gehm:
Bildermaus Champion – Stoppel und seine Freunde. Ein Fohlen auf Schnupperkurs,
farbig illustriert von Dorothea Ackroyd.
© 2010 Loewe Verlag GmbH, Bindlach

S. 72–101
Franziska Gehm:
Bildermaus Champion – Stoppel und seine Freunde. Ein Herz für das freche Fohlen,
farbig illustriert von Dorothea Ackroyd.
© 2011 Loewe Verlag GmbH, Bindlach

Das will ich lesen!

ISBN 978-3-7432-0106-4

Das kleine Einhorn Elias und die Elfe Miri erleben viele Abenteuer: Sie helfen Sara, der Tochter des Zauberers, und kümmern sich um einen verletzten Drachen. Doch dann wird Miri selbst krank. Kann Elias auch ihr helfen? Dafür muss er erst in das geheimnisvolle Land der Riesen reisen ...

Dieser Sammelband enthält drei Bände der beliebten Einhorn-Reihe zum Lesenlernen.

Noch mehr Lesefutter!

ISBN 978-3-7432-0108-8

Natürlich ist Sofie eine richtige Prinzessin! Deshalb gibt es in ihrem königlichen Schlossgarten auch einen echten Drachen. Aber im Urlaub lernt Sofie ein Mädchen kennen, dass sich gar nicht wie eine Prinzessin benimmt. Können die beiden trotzdem Freundinnen werden?

Dieser Sammelband enthält die drei Bände der beliebten Prinzessin Sofie-Reihe zum Lesenlernen.

Das will ich lesen!

ISBN 978-3-7432-0109-5

Viel zu tun für Bagger Basti und die Baggerführer: Sie graben auf Baustellen tiefe Löcher und retten einen Igel aus einer Grube. Und dann gibt es auf einmal eine große Überschwemmung! Kann ein Bagger helfen, das Wasser zu stoppen?

Dieser Sammelband enthält drei Bände mit vielen spannenden Geschichten von Baggern und Baustellen.

Noch mehr spannende Geschichten

ISBN 978-3-7432-0132-3   ISBN 978-3-7432-0134-7

ISBN 978-3-7432-0135-4   ISBN 978-3-7432-0143-9

Mit der Reihe *Bildermaus* können Kinder schon ab 5 Jahren (Vorschule) spielerisch lesen lernen mit Bildern: Jedes Hauptwort ist durch ein Bild ersetzt.

Mehr über die Bildermaus, spannende Spiele und Leseproben unter www.bildermaus.de.

Tafiti und Pinsel

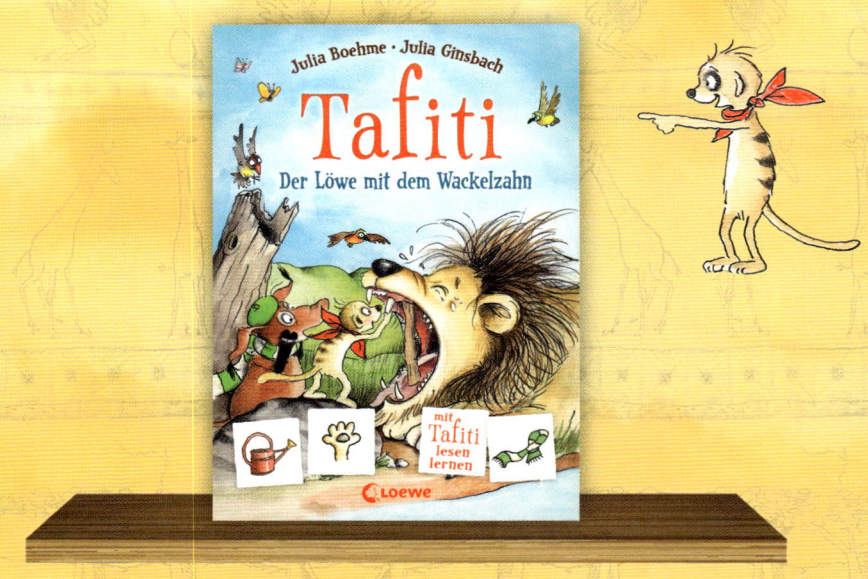

ISBN 978-3-7855-8975-5

Au Backe! Als Tafiti und Pinsel am Bach Wasser holen,
werden sie von King Kofi überrascht.
Und der hat Appetit auf Schweinebraten
mit Erdmännchenspieß. Doch der Löwe rechnet
nicht mit Tafitis überraschender Gießkannenattacke.
Statt in den Braten beißt er auf Blech und
hat nun einen Wackelzahn.
Ob Tafiti und Pinsel ihm helfen können?

Zum ersten Vor- und Selberlesen

Tafiti und die Löwen-Schule
Julia Boehme · Julia Ginsbach

ISBN 978-3-7855-8848-2

Seine Löwenmajestät King Kofi geht wieder zur Schule!
Tafiti und Pinsel trauen ihren Ohren kaum.
Doch King Kofi will besser jagen lernen,
vor allem Erdmännchen und Pinselohrschweine!
So bleibt den zwei Freunden gar nichts anderes übrig:
Sie müssen auch zur Schule. Denn nur, wenn sie wissen,
was King Kofi Neues lernt, können sie ihm
auch in Zukunft entwischen! Verkleidet als Löwenkinder
wagen sich die beiden in die Schule der Löwen …

Loewe
Das will ich lesen!